हॉस्टल लाइफ और मेरा काव्य संग्रह

अनकही दास्ताँ, कहाँ शुरू कहाँ खत्म

हर्ष सिंह (अतुल कुमार)

ISBN 979-888555733-7

क्रम-सूची

प्रस्तावना   v

1. अजीब दास्ताँ कहाँ शुरू कहाँ खत्म   1

2. चाय पढ़ाई और कमीने यार   6

3. काव्य पाठ हमरे कमरा की बातें   11

4. वाह रे कोरोना   13

5. कोविड-19   15

6. अपना जहाँ   16

7. ग़लतफ़हमी   17

8. क्या????   18

9. सार ए   19

10. वो क्या लगता है ??   20

11. एहसास-ए-मोहब्बत   21

12. मेरी मोहब्बत   22

13. फासला   24

14. सच्चा साथी सच्ची मोहब्बत   25

15. अधूरी कहानी   27

16. इश्क !!!   28

17. Two Liners   29

प्रस्तावना

यह पुस्तक उन सभी विद्यार्थियों या व्यक्तियों के लिए लिखे गयी है जो कभी न कभी बाहर रहकर पढने के लिए गए हों । इसमें न केवल हॉस्टल की दिनचर्या का वर्णन किया गया है बल्कि साथ ही साथ लिखी गयी कविताओं व मन को सुख पहुंचाने वाली शायरियों को एक अलग ढंग से प्रस्तुत करने के प्रयास किया गया है । उम्मीद है की आप सभी को यह पुस्तक बहुत पसंद आएगी और आपका मन एक बार फिर उन हॉस्टल की घटनाओं, कहानियों की ओर जाएगा जो आपके साथ घटित हुयी हैं और यह पुस्तक आपकी ख़ुशी का कारण बनेगी ।

1. अजीब दास्ताँ कहाँ शुरू कहाँ खत्म

हर्ष आज फिर हमेशा की तरह दोस्तों से झगड़ा करके रूम से निकलकर पास के रेलवे स्टेशन पर आकर बैठ गया। वैसे हर्ष की इस कहानी को जानने से पहले ये जान लेना ज्यादा जरुरी है कि हर्ष कौन है और वह घर से दूर दोस्तों के साथ क्यों रह रहा है? दरअसल वह लखनऊ शहर का एक सीधा साधा सा लड़का है जो सिकंदरपुर जैसे एक छोटे से गाँव का रहने वाला है। सीधा साधा तब तक जब तक वह गाँव में रहता था। गाँव से निकलते ही न ही केवल नाम बदला बल्कि एक अलग पहचान बनायी। गाँव में सब उसे अतुल कुमार नाम से जानते थे यहाँ तक कि उसके परिवार को भी नहीं पता था कि इसे बाहर सब हर्ष सिंह के नाम से भी जानते हैं। हर्ष को बचपन से ही घर से दूर जाकर पढ़ने का मन था तो उसने बारहवीं की परीक्षा पास करने के बाद अपना बोरिया बिस्तर बाँध लिया और रायबरेली जिले के फ़िरोज़ गांधी पॉलिटेक्निक कॉलेज में एडमिशन ले लिया। 15 जून दिन रविवार को उसने हॉस्टल में पहली बार पैर रखा। अभी ठीक से 3 महीने भी न बीते होंगे कि उसका हॉस्टल से जी भर गया। हॉस्टल के खाने की अलग बात थी। ऐसा खाना जो मरीज तो क्या कुत्ते भी सूंघकर वापस चले जाए। दाल ऐसी जिसमें दाल शायद ही ढूँढने पर मिले। ऐसा लगता था जैसे पानी को उबालकर उसमें नमक मिर्च डाल दी गयी हो। जहाँ सलाद के नाम पर कोई जंगली

ककड़ी दे देते थे ये बताकर कि प्याज मंहगा है और हमारे बजट के बाहर है वहीँ रोटी के नाम पर कुछ पापड़ जैसा खिला देते थे । खैर हर्ष इन सब को झेलकर आगे बढ़ा और बाहर एक रूम ले लिया जहाँ वह 5-6 दोस्तों के साथ रहता था यह सोचकर कि कोई दिक्कत हुयी तो ये सब साथ रहेंगे तो संभाल लेंगे । लेकिन हुआ कुछ ऐसा की कुछ दिनों में ही दोस्तों में छोटे छोटे कामों को लेकर झगड़े शुरू होने लगे । रोज रोज के इन झगड़ों से जब भी वह परेशान होता तो वह पास बने रेलवे स्टेशन पर आकर चाय पीता और वहीँ बैठा रहता । आज फिर दोस्तों से झगड़ा कर वहीँ आकर बैठ गया । कुछ सोचकर यह निर्णय लिया की अब उसे यहाँ नहीं रहना । चाय पीकर स्टेशन के अन्दर जाकर अगले दिन की लखनऊ की टिकेट बुक करवाई । अभी स्टेशन से बहार निकला ही था की पीछे से किसी लड़की की आवाज़ आई EXCUSE ME........ पीछे मुड़कर देखा तो जीन्स टीशर्ट पहने एक लड़की उसकी तरफ ही आ रही है आकर लड़की ने कुछ पूछा मगर उसने कोई जवाब नहीं दिया वह कुछ समय के लिए तो मानो उसी चेहरे में खो गया हो लड़की ने दोबारा प्रश्न किया क्या आप ये पता बता सकते हैं? जब हर्ष ने पता देखा तो उसकी ख़ुशी का ठिकाना न रहा दरअसल यह पता उसके फिरोज़ गांधी पॉलिटेक्निक के गर्ल्स हॉस्टल का था । वह बड़े ही प्रशन्न मन से बोला जी हाँ मैं वहीँ पास में रहता हूँ चलिए आप को छोड़ देता हूँ । दोनों आपस में बात करते हुए गए लड़की को हॉस्टल छोड़ने के बाद उसने लखनऊ की वो टिकेट फाड़कर फेंक दी जो अभी अभी बुक की थी कल घर जाने के इरादे से । इतने बातें होने के बावजूद वह लड़की का नाम पूछना भूल गया ।

हॉस्टल वार्डन से पूछने पर पता चला की उसका नाम 'सना अंसारी' है । दुखी मन से घर वापस जा रहे हर्ष के मन में आज अलग ही हर्ष था । रात भर वह उसके ख्यालों में ही डूबा रहा । अगले दिन से सवेरे ही कॉलेज जाकर वह उसकी एक झलक देखने के लिए उसे ढूँढने लगता और देखकर ही खुश हो जाता । धीरे धीरे दोनों में बातें शुरू हुयी और दोनों बहुत अच्छे दोस्त बन गए । यदा कदा कॉलेज जाना वाला लड़का अब रोज कॉलेज जाता लेकिन क्लास तक नहीं बल्कि कॉलेज के ग्राउंड तक । क्योंकि सना की क्लास प्ले ग्राउंड के बगल में ही थी और वह वहाँ से बैठकर बस उसे देखा करता कोई परेशानी होने पर वह सबसे पहले वहां पहुँच जाता । ऐसे करते करते 1 साल कब गुजर गया पता ही नहीं चला । एक रोज वह हॉस्टल की ओर से गुजर रहा था तो देखा कि एक सना एक लड़के की गाड़ी से उतरकर हॉस्टल के अन्दर गयी और फिर लड़का सीधा चला गया हर्ष ने उसकी गाड़ी का पीछा किया लेकिन कुछ पल में ही वह उसकी आँखों से ओझल हो गया । उसके मन में आज बहुत सारे सवाल उमड़ रहे थे जैसे कि लड़का कौन है? सना इस लड़के के साथ कहाँ गयी थी? उसका इस लड़के से रिश्ता क्या है? फिलहाल तो वह उदास मन लेकर अपने रूम वापस चला गया । उस दिन सना के बार बार फोन किये जाने पर भी उसने उसके फ़ोन का कोई जवाब नहीं दिया । रात भर सो न पाने पर सुबह कॉलेज उससे मिलने पहुंचा लेकिन उस दिन सना कॉलेज नहीं आई थी हॉस्टल जाकर पता लगाया तो पता चला उसने हॉस्टल छोड़ दिया है और वह अपने घर चली गयी है । उसके पिताजी का तबीयत ज्यादा ख़राब होने के कारण उसका भाई उसे कल

लेने आया था । साथ ही उसने अपना कॉलेज ट्रान्सफर भी करवा लिया है । हर्ष ने जब उसके नंबर पर फ़ोन मिलाया तो तो वह स्विच ऑफ आ रहा था । कई दिन ऐसे ही बीत गए उसको फ़ोन करता फोन न मिलने पर पछताता की उस दिन उसका फ़ोन क्यों नहीं उठाया? फिर एक रोज हॉस्टल जाकर उसका पता लिया और उस पते पर ख़त भेजा लेकिन ख़त का कोई जवाब नहीं आया । उसने धीरे धीरे न जाने कितने ख़त इस आस में लिख डाले की शायद किसी का जवाब तो आएगा । लेकिन उसको सिर्फ और सिर्फ नाकामी हाथ लगी । फिर एक रोज एक दुर्घटना के बाद उसने ख़त लिखना बंद कर दिया क्योंकि उस दुर्घटना में उसकी आँखों और पैरों ने साथ छोड़ दिया था । अरसों बाद एक व्यक्ति वो सारे ख़त लेकर आया जिसे हर्ष ने अपने हाथों से लिखकर सना को भेजे थे । उन सारे खतों के साथ एक और ख़त था जिसमें लिखा था-

प्रिय हर्ष,

हम दोनों के संबंधों के बारे में परिवार को पूर्ण जानकारी हो गयी थी मुझे वहां से बिना किसी को बताये यहाँ आने पर मजबूर किया गया यह कहकर कि पिताजी की तबीयत बुरी तरह ख़राब है और वह अपने अंतिम दिनों में परिवार के साथ रहना चाहते हैं । मैं पिछले कई महीनों से घर में कैद हूँ तुम्हारे द्वारा भेजे गए खतों का तो पता चलता लेकिन किसी ख़त को मुझ तक पहुँचने नहीं दिया गया । ये मेरा पहला और आखिरी ख़त है जल्दी ही मैं इस दुनिया से विदा लेने वाली हूँ ।

तुम्हारी

सना

ख़त में लिखा हुआ सुनने के बाद वह उस ख़त को सीने से लगाकर फफक फफककर रोने लगा और अपनी किस्मत को कोसने लगा । इस बात पर नहीं कि वह सना से मिल न सका बल्कि इस बात से कि वह उसके एक मात्र ख़त को न तो पढ़ सका और न ही उसकी सहायता हेतु अपने क़दमों को आगे की ओर बढ़ा सका ।

2. चाय पढ़ाई और कमीने यार

आज हम बात करनेजा रहे एक इंजीनियरिंग के छात्र के दैनक जीवन में किये जाने वाले नशेऔर पढ़ाई के बारे में | Engineering student को तीन चीज के नशे होते हैं शराब, सिगरेट और चाय उसके बाद आती है पढ़ाई उसे छोड़ो क्योंकि उसका कोई टाइम नहीं है न ही कोई नशा । शराब और सिगरेट से तो हमारा वास्ता कुछ नहीं है बात करते हैं चाय के बारे में जो सब लोग में कॉमन है चाहे वो बेवड़ा हो या फूंक मारने वाला कोई सीधा साधा - सा सुट्टेबाज लड़का, हमारे मित्र तिवारीजी की तरह।ये चाय में कुछ ऐसा नशा है जो स्टूडेंट से लेकर एक अध्यापक तक किसी को अपने से अलग नहीं होने देता।

सुबह उठकर पहले चाय न पियो तो मानो दिन की शुरूआत ही नहीं होती। कभी सर दर्द हुआ तो चाय,खुशी है तो चाय,गर्लफ्रेंड छोड़कर गई तो चाय,कॉलेज की कोई परेशानी हुई तो चाय,क्लास बंक की तो चाय, कॉलेज छूटा तो चाय, शाम को टहलने निकले तो चाय हर एक परेशानी हर एक खुशी में चाय ही दवा बन जाती है।मेरी तो होने वाली गर्लफ्रेंड भी मुझे इसी आदत को लेकर छोड़ गई थी।अच्छा ख़ासा सिस्टम चल रहा था फिर उसको मेरी चाय की आदत के बारे में पता चल गया | कहती है मेरे से चाय छोड़ दो या मुझे |हमने कहा चाय है शराब नहीं जो छूटेगी नहीं तो मैं बर्बाद हो जाऊँगा |मैंने चाय नहीं छोड़ीं तो वह मुझे छोड़कर

चली गयी | फिर मैंने कई दिनों तक चाय पीते हुए ये सोचा की चाय की आदत कैसे छोड़ूं |

अगर आप इंजीनयरग के स्टूडेंट हैं और चाय के शौकीन नहीं है और उससे बड़ी बात अगर वो दिन में 4-5 घन्टे पढ़ता है तो वो एक अपवाद है| ऐसे विद्यार्थियों के लिए इंजीनियरिंग लाइन में कोई जगह नहीं है अगर इतना ही पढ़ना है तो IAS की तैयारी करो यार इंजीनियर बनने आए हो तो कुछ ढंग का काम करो कोई नशा लाओ अपने अंदर जिसे करने का जुनून जागे अन्दर से |अगर न करो तो आत्मा भी कहे बस तू और नहीं जी सकता अब। लेकिन वो नशा अगर पढ़ाई का हो तो सभी बेवकूफ समझेंगे तुमको।पढ़ाई तो यहां बस एग्जाम के एक दिन पहले होती है ,वो भी क्लास टॉपर के अनुसार उससे पूछेंगे भाई टॉपिक क्या पढ़ना है बता दे at least 17(पासिंग मार्क्स) तो आ ही जाए ऐसा लगता है लड़का टॉपर नहीं बल्कि वो है जिसने पेपर सेट किया है और वो खुद को प्रेजेंट भी ऐसे ही करता है जैसे अभी अभी पेपर देखकर रखा हो फिर वो बोलता है बेटा एक बार प्यार से पापा बोल दे सब बताता हूँ । ये होती है एक कमीने दोस्त की सच्ची निशानी जो हर एक चूतिये से दोस्त में पायी जाती है। अब इस श्रेणी में कुछ ऐसे भी लोग होते हैं जिनका ये मानना होता है कि अगर तुम इंजीनियरिंग कर रहे हो और तुम्हारी कभी बैक नहीं आयी तो तुम बेकार हो तुमने इंजीनियरिंग की ही नहीं समझो। वो बैक को प्रसाद मानते हैं और स्वेच्छा से गृहण भी करते हैं ।ऐसे स्टूडेंट हर सेमेस्टर में 2 बैक लाते हैं ।मेरे अनुसार ये वास्तव में प्रसाद नहीं होता है ये होता है उनके एक दिन की मेहनत का फल जो शायद कम मिलता है मेरी मानो तो इनकी 3-4 में बैक

आनी चाहिए ।और ऐसे लड़के 2 में बैक लगने पर खुश होते हैं कहते हैं मेरे को लगा था 4 में आएगी बच गया फिर बोलेंगे 2 तो आराम से clear हो जाएँगी और फिर हनुमान जी को प्रसाद चढ़ाकर बाटेंगे भी। हनुमान जी तो इनकी लाइफ में विशेष स्थान रखते हैं कोई मुसीबत आए तो सब हनुमान जी को ही याद करते हैं जैसे वो कोई भगवान नहीं बल्कि उनकी बुआ के लड़के हों जब चाहो बुला लो। कमाल की बात ये है कि मुसीबत आने पर सब हनुमान जी को याद करते हैं और लड़की देखी नहीं कि सब कृष्ण भक्त बन जाते हैं । वो लड़की को राधा और खुद को मुरली मनोहर मानने लग जाते हैं। हर एक की लाइफ में कोई न कोई बाबू खाना खा रहा होता है मगर हम तो ठहरे मैकेनिकल से तो हमारा बाबू हमारे अंदर ही खाना खा लेता है।एक तो मैकेनिकल में कोई ढंग की लड़की आ ही नहीं सकती और गलती से आ भी गई तो पहले से उसकी लाइफ में कोई बाबू खाना खा रहा होता है।अगर न खा रहा हो तब भी हमसे कोई मतलब नहीं होता क्योंकि हमें अपने चेहरे पर पूरा भरोसा होता है कोई लड़की हमसे सेट होने से रही। हमें मालूम है हम पसंद करेंगे फिर प्रोपोसे करेंगे फिर वो मना कर देंगी तो क्या मतलब इन चक्कर में पड़ने से फुल attitude में रहो।आंख ही सेंकनी हैं तो सीएस या आईटी की क्लास में जाओ और इलेक्ट्रॉनिक्स की तो खैर बात ही छोड़ो सब हाई लास वाली लडकियां हैं ।हाई क्लास मतलब ये नहीं कि बड़ी सभ्य या सुशील टाइप वो समझने वाले समझ सकते हैं कि कैसी होंगी लेकिन हरियाली उसी ब्रांच में होती है सबसे ज्यादा । ऐसा मैं पर्सनल एक्सपीरियंस से नहीं कह रहा हाँ लोगों से सुना जरुर है क्योंकि मैं

कभी इलेक्ट्रॉनिक्स की क्लास में गया नहीं । (वातव में ये बात गलत होती है एक इंजीनियरिंग स्टूडेंट के बारे में कुछ 2-4 अपवाद के चलते पूरे स्टूडेंट्स को बदनाम किया जाता है। हकीकत ये है कि एक इंजीनियरिंग स्टूडेंट मेरे अनुसार ज्यादा मेहनत करते हैं वो भी पूरे साल । सेमेस्टर शुरु होते ही सिलेबस खत्म करने का बोझ प्रैक्टिकल करना, प्रैक्टिकल फाइल बनाना, असाइनमेंट तैयार करना, प्रोजेट वर्क ,यूनिट टेस्ट,बोर्ड एग्जाम,और इसमें भी डेली 3 घन्टे टाइम निकालकर पढ़ना भी है एक सेमेस्टर में एक साल का काम करवाते हैं ऊपर से सिलेबस जो खम ही न हो।)

मेरी कहानी का एक सबसे मजेदार हिस्सा उस समय का है जब हम टहलने निकले अपने प्रिय दोस्त के साथ | एक मेरा दोत मेरे साथ चाय पीने आया उसकी गर्लफ्रेंड उससे गुस्सा थी वो कॉल पर उसे मना रहा था आलम यूं था कि उसका बाबू इतना गुस्सा था कि पिछली शाम से खाना ही नहीं खा रहा था।उसका कमीनापन मैंने उसी दिन देखा साले ने चार समोसे खाये चाय पी पैसे मैंने दिए और गर्लफ्रेंड से कह रहा बाबू तुमको गुस्सा रहना है रहो पर बाबू खाना खा लो प्लीज वरना मैं भी नहीं खाऊंगा ये वही दोस्त था जिसके रूम पर आज पनीर की सब्जी और पूड़ी बनी थी बस 2 घन्टे पहले हम दोनों खाकर आए थे और अभी अभी 4 समोसे और चाय पीकर आया है। और लड़की भी पागल वीडयो कॉल करके रो रही और उसको दिखाकर खाना खा रही और कह रही है बेबी तुम भी खा लेना वरना मार खाओगे।अरे बाप रे कैसे कैसे लोग हैं इस दुनिया में ये हमारी समझ से परे हैं। अब तो भईया वो हमसे कोई बात सच भी बोलता है तो डाउट होता है कहीं बेवकूफ तो नहीं बना रहा।ऐसे छोटे छोटे

बहुत से किस्से हैं जो शायद जिन्दगी भर याद रहेंगे|

बहुत से किस्से हैं जो शायद जिन्दगी भर याद रहेंगे|

3. काव्य पाठ हमरे कमरा की बातैं

जिक्र करी का हम उन बातन का रायबरेली मा जब रहित रहेन

दिन आवै इतवार का 10-11 बजे उठित रहेन

सत्यम आवैं वी हमका जगावैं जलेबी उनके मन का भावै

साथे वी हमका लेई जावैं आधा किलो जलेबी लावैं

भाई बन्धु वी सबका बुलावैं बैठि के भैया सब जाने खावैं

जलेबी बड़ी स्वादिष्ट रहीं लेकिन दही खातिन लड़ाई होई जावै

वसीमवा हमरे कमरा का साथी सारे बर्तन हम ही से धुलावै

फिर शुभम भैया फिर आवैं मन भरिके वी सबका गरियावैं

वसीम का खूब चाहति रहैं वी उनका नाजिम दल्ला कहति रहैं

NCC के जवान रहैं लेकिन कमजोरी शारीर मा रहति रही उनसे कमजोर हमरे प्रिंस भैया

कमजोरी इनकी निशानी रहै शरीर मा सब पानी रहै

सारा खून ई पबजी मा बहावैं काम के समय मा पसीना आवै

एक देहाती बाबु हमरे साथ रहे हाँ बच्चा की एक जात रहे

बात बात पर सबका हसावै सब वहिका गदेल कहि जावैं

आरती मा बहुत मन लगत रहा शाम का हनुमान चालीसा जपत रहा

5 बजे सांझ के समय गौरी मैडम(गौरव) का फ़ोन समय पर आत रहा

चलिहौ भैया चाय पियै वाहू केवल यहै बात रहा

फिर गौरव ससुराऊ आत रहैं बड़े यादव के हियाँ लेई जात रहे

बड़े यादव के हियाँ बिल बड़ा बाँट रहा ई लिए सबका हुवां नहीं जमत रहा

छोटे यादव बड़ा अच्छा रहे गाली दियै बड़ा पक्का रहे

चाय पर चर्चा चालत रही सबकी पोल खुलत रही

हर्ष हमार नवरासी कबो न कॉलेज जात रहैं वी सबका यहै बतात रहैं

हुवां से जब कमरा पर आई सब जाने दद्दू से सब्जी लायी

कमरा पर आय के हमही बनायी फिर वसीम से सब बर्तन धुलाई

बस यही इतवार की दिनचर्या रहै पढाई के साथ न कौनी क्रिया रहै ॥

4. वाह रे कोरोना

घर के बाहर कोरोना
पुलिस वालों की लाठी
घर में सूखी चपाती
बीवी का रोना धोना
सुबह देर से उठना
मम्मी की डांट सुनना
फिर दिन भर सोना
वाह रे कोरोना! वाह रे कोरोना !
खाना बनाना नहीं आता
बना रहे पानी बताशे
खुद तो परेशान हैं
हमसे करा रहे तमाशे
घूम लिया आज घर पूरा
घर का कोना कोना
उधर बजरंग दल शांत बैठा
इधर शांत बैठे बाबू सोना
वाह रे कोरोना! वाह रे कोरोना !
सबका दिख रहा टैलेंट
सब बन रहे हलवाई
खिचड़ी तक जो बना नहीं पाते
वो बना रहे आज मिठाई
ब्यूटी पार्लर बंद सब
लड़कियों की सामत आई

चेहरा ढककर थक गयी सब
घर में नहीं हो रही पुताई
दाढ़ी बाल बढ़ रहे बराबर
नहीं मिल रहा नाई
जो अब तक नहीं हुआ
वह सब अब है होना
वाह रे कोरोना! वाह रे कोरोना!

5. कोविड-19

लो आ गयी एक और महामारी
एक कोरोना सब पर भारी
रब सुनता नहीं अरदास हमारी
एक एक कर सबकी की बारी
सूचना जनहित में जारी
देश की इकॉनमी जान से प्यारी
दो गज दूरी मास्क है जरुरी
और फिर बड़ी रैली की तैयारी
रात रात में कर्फ्यू जारी
दिन भर खोलते मार्केट सारी
खुद सुरक्षा के घेरे में रहते
आम आदमी की जीविका प्यार
ऑक्सीजन की कमी से होती मौतें सारी
परवाह नहीं इन्हें जान की हमारी
अंधभक्त गुणगान कर रहें
दिखती नहीं इनको ये विपदा भारी
समय बड़ा है संकटकारी
सरकार नहीं करेगी मदद तुम्हारी
सबको झांसे में डाल रहे
राजनीति के ये नीति सारी ॥

6. अपना जहाँ

एक रात होगी.......एक चाँद होगा,
चाँद से दोस्ती होगी...और.....
सुबह सूरज से सलाम होगा ।
मैं चाँद को निहारूं ..तो....
सूरज न निकले.........
भला ऐसा कहाँ होगा ।
तुम रहो अपनी दुनिया में मजबूरों की तरह ...
मेरी अपनी मिल्कियत होगी.......
मेरा अपना आशियाँ होगा ।
और लोगों की भीड़ में......
सब...... सब भूल जायेंगे
न किसी को मेरी खबर होगी......
न मेरा ही कुछ पता होगा ।
और ख्यालों का बुना ही सही....
मगर वो अपना एक जहाँ होगा ।
वो अपना जहाँ होगा जहाँ.......
न किसी को मेरी जरुरत होगी...
न किसी जरुरत से मेरा वास्ता होगा ।
मैं झूठे सपनों को सजाऊं...नींदों में अपनी .....
जागते हुए भी न उसका वसवसा होगा ......
और....मैं उसकी यादों की एक माला पिरोकर ..
पहनूं उसको....और मुस्कुराता जाऊं
ये वहम है उसका भला ऐसा कहाँ होगा ।

7. ग़लतफ़हमी

किसी की याद में जब कभी आँखें नाम हो जाती हैं ,
छा जाती है, ख़ामोशी मेरी साँसे थम जाती हैं
और वो आँखों के सामने से जब भी गुजरती है
न चाहकर भी ये नजरें उसकी नजरों से मिल जाती हैं
फिर मैं धीरे से अपनी नजरों को झुका लेता हूँ
कुछ नहीं कहता बस अपनी हरकतों पर मुस्कुरा लेता हूँ
कभी नजरें मिलाती है कभी मिलाने से डरती है
मोहब्बत का तो पता नही..नफरत जरुर मुझसे वो करती है
और सोचती है अब भी उसकी चाहत में रहता हूँ
जब भी देखता हूँ उसको इसी गलतफहमी में रहती है !!!!

8. क्या????

दिल से दिल ली बातें होती, रातों को यूँ जागना क्या?
चलो पेड़ की छाँव में बैठो, यूँ धूप में पैदल चलना क्या??
अरे आओ बाहों में कसकर भर लें,
यूँ पल पल आहें भरना क्या??
एक राह हो, बस हम दो साथी
छुप छुपकर यूँ मिलना क्या?
चलो चलें कहीं दूर यहाँ से...
जालिम दुनिया से डरना क्या?
और रोना है तो छुपकर रो लो,
यूँ फफक-फफककर रोना क्या??
मतलब की दुनिया में रह लो,
इस दुनिय्या में खुद को खोना क्या??
हंस-हंसकर बातें तुम करते
यूँ बात बात पर हँसना क्या?
सरल सहज वाणी से दिल जीतो
इन पैसों वैसों का हमको करना क्या?
बस एक पथ पर तुम बढ़ते जाओ
रुक-रुककर यूँ चलना क्या?
और जाना है तो एक बार में जाओ,
यूँ बात बात पर लड़ना क्या??????

9. सार ए

है ये दुनिया, दुनिया में लोग
लोगों की ख्वाहिश,खवाहिश में मोहब्बत
मोहब्बत में महबूब,
महबूब की बातें, बातों में कटती रातें
रातों को मिलना, मिलना सिर्फ उनसे
उनसे ही ज़िन्दगी, ज़िन्दगी सिर्फ उनसे
उनको भी है मोहब्बत, मोहब्बत किसी गैर से
गैरों से मोहब्बत, मोहब्बत में महबूब
महबूब की फितरत, फितरत में धोखा
धोखे से सबब,सबब में सबाब
सबाब में शराब, शराब का नशा
नशा था खराब,खराब थी ख्वाहिश
ख्वाहिश थी मोहब्बत, मोहब्बत में महबूब
महबूब की फितरत , फितरत में धोखा
ये ज़िन्दगी है जनाब यूँही चलती रहती है !!!!

10. वो क्या लगता है ??

दिल की धड़कन रुक कर बोले
बोल तेरा वो क्या लगता है
इस दिल में कुछ हलचल होती है
साँसों से कुछ रिश्ता लगता है
वाचाल अधर तब मूक रहते हैं
पास मेरे वो जब रहता है
पास मेरे वो जब रहता है
इस दिल की धड़कन बढ़ जाती है
और आँखें उसकी जब रोती हैं
इन नयनों का जल बह उठता है
अब वो दूर कहीं, मशहूर कहीं
मैं पास नहीं, मजबूर नहीं
है रात वही, महबूब नहीं
कोई साथ नहीं, कोई एहसास नहीं
फिर बात वही, चलो कोई बात नहीं
न याद करूँ,ऐसी कोई रात नहीं ।

11. एहसास-ए-मोहब्बत

प्यार अपना कुछ यूँ भी जता देना
कभी रुठुं तो हंसकर मुझे मन लेना
चेहरा उतरा हो तो तुनक की वजह बनना
मुरझाये फूल को तुम छूकर के खिला देना
और होकर के नाराज नखरे भी दिखाना तुम
मगर इस नाराजगी में हमको न भुला देना
मेरे हंसने मेरे मुस्कुराने की एक तू ही वजह बनना
किसी अधूरी मोहब्बत का इल्जाम न लगा देना
और हो कोई शक तो बेशक मुझसे मिलना
किसी बात को दिल से न लगा लेना
बात कह न सको तो कुछ इशारा ही करना
कुछ बात मेरी समझना कुछ मुझको भी समझा देना
दिल की हर बात तो पता है तुमको मेरी
फिर भी दिल से दिल न मिले तो बता देना
वैसे नफरत करूँ ये तो मुमकिन नहीं
लेकिन प्यार सच्चा न लगे तो रूबरू होना
फिर उफ्फ न लाऊंगा मुंह तक छोडकर जाएगी जब तू
बस गलती मेरी एक बार मुझको बता देना
और इन शायरियों का शौक तो बेवजह ही चढ़ा है
तूम इसकी वजह किसी और को न बना देना
लफ्ज झूठे नहीं सारे सच्चे हैं मेरे
अब तुम इन लफ्जों को न झूठा ठहरा देना !!!!!

12. मेरी मोहब्बत

अब बिस्तर में भी चुभन सि होती है
कमरे की दीवारें काटने को दौड़ती हैं
बस एक तकिया ही है हमदर्द मेरा
जब भी तू याद आता है
कमबख्त ये सीने से लग जाता है
ये बंदिशें अब अच्छी नहीं लगती
तुझसे मिलने को दिल करता है
तू ही आजा किसी बहाने से
बस तुझे देखने का जी करता है
याद मैं करता हूँ तुमको एहसास तो होगा
हिचकियाँ आई होंगी दिल धड़का तो होगा
और किसी पल तूने फोटो भी देखी ही होगी
तू कह न चाहे कुछ भी, तूने उसे चूमा तो होगा
हर पल तेरी याद में रहता जरुर हूँ
तेरी तस्वीर देखकर कुछ कहता जरुर हूँ
माँ भी अब मुझसे कहती है तू खोया कहाँ है
कुछ खोया है क्या तेरा, तेरा मन कहाँ है
बस चुप्प ही रहता उनसे कुछ न कहता
फिर थोड़ा सा मुस्कुराकर आँखें बंद करता
फिर बस तू और तेरी बातें याद आती
तेरा मुझसे रूठना तेरा गुस्सा याद आता
तुझको मनाने की वो तरकीबें याद आती
याद आते हैं हर एक मीठे पल,तू, तेरा वो बीता कल

बस अब तू भूल न जाना किसी बहाने से
कहीं रुसवा न हो जाऊं मैं इस जमाने से
एक तेरे ही सहारे तो जी रहा हूँ मैं
किसी की जुदाई का गम पी रहा हूँ मैं
अब हालात मजबूर न करें तो अच्छा हैं
तुमको हमसे दूर न करें तो अच्छा है
काट लेंगे जिन्दगी हर हाल में कहीं भी
बस मोहब्बत को कोई कसूर न कहे तो अच्छा है

13. फासला

मेरी कब्र पर आना तो फूल मत लाना
झूठे आंसुओं की माला तुम हम पर न चढ़ाना
और वफ़ा हमने की तो मिला हमें धोखा
ये धोखा दिया है तूने, ये भूल मत जाना
चोट लगती तुमको तो दवा हम बन जाते
आंसू रोकने को तुम्हारे हम कुछ भी कर जाते
एक बार प्यार से दो लफ्ज़ तो कहे होते
मौत आती तुमको तो हम चले जाते!!!

14. सच्चा साथी सच्ची मोहब्बत

ये इत्तेफाक से क्या इत्तेफाक हुआ जो तू मिल गयी मुझको

तू मिल गयी मुझको ये भी ठीक था लेकिन

यूँ प्यार से बातें करना तूने गलत सिखा दिया

हो जाऊं मैं नाराज तो नाराज रहता था

न कोई बात करे मुझसे, न मैं किसी से बात करता था

बात जो याद रहती थी बस याद रहती थी

जो नही करता था मैं,तूने वो सब करा दिया..........

यूँ हंसकर सब भुला देना तूने गलत सिखा दिया

और किसी की याद ,एं रहम किसी की फ़रियाद में रहना

प्यार है जिनको उसी से प्यार तुम करना

तूने मेरे कल को भुलाकर आज अच्छा दोस्त बना लिया

जो न चाहता था मैं तूने वो सब करा दिया

इस बात को शायद तूने गलत सिखा दिया

एक रात जो न हो बात तुमसे, मैं चैन से सो नहीं पाता

तू न मिलती मुझको तो आज मैं किसी का हो नहीं पाता

तूने खुद को छोड़ किसी और को मेरा बना दिया

मैं भी चाहता हूँ यही शायद तूने गलत समझ लिया

भूल गयी शायद आज तुम वो सब बातें

तुम आप कहती थी मैंने तू कहना सिखा दिया

ये गलत किया मैंने, मैंने गलत सिखा दिया

तुम आप ही कहती मैं इजहार न करता

मैं दरबदर रहता तुमसे प्यार न करता

प्यार करके तुझसे मैंने तुझको खफा किया
ये क्या किया मैंने, ये क्यों कर दिया
ए खुदा तूने भी मुझको क्या गलत सिखा दिया
किसी की चाह न करता किसी की आंह न भरता
वो प्यार नहीं करती तो मैं भी प्यार नहीं करता
उसकी याद में हर दम पल दिन रात न रहता
तू न मिलती मुझको तुझे दूर ही रहना था
पास आकर तूने ये कैसा सिला दिया
बुराइयां तूने मिटा दिन मुझे अच्छा बना दिया
मगर जो चाहता था तुझसे वो हक़ कहाँ दिया
ए खुदा तूने मुझे किससे मिला दिया
अब क्या कहूँ उसको उसने क्या क्या नहीं किया
एक अच्छा दोस्त बनकर हर रिश्ता निभा दिया
ए दोस्त तूने मुझे क्या क्या सिखा दिया...........!!!!!!

15. अधूरी कहानी

मोहब्बत्ब है न्तुमको तो मलाल क्या है?
कभी तो आकर पूछो मुझसे मेरा हाल क्या है?
मुझे छोडकर जाने का मन तो तुम बना ही चुके हो
वैसे अब रकीब के बारे में तेरा ख्याल क्या है?
वो ग़मगीन नशे में चूर हवाओं से बात करता रहा
इंसानों पर भरोसा अब रहा नही उसको
किसी ने किसी से ये नहीं पूछा
क्यों हैं वो ऐसा? उसके हालात क्या हैं?
ये तेरा लटका हुआ चेहरा ये आंसुओं की धारा
कोई बात नहीं मुझसे तो बात क्या है?
जो कल तक मेरी आबरू मेरे साये में पलते रहे
आज मुझसे आकर पूछ्ते हैं मेरी औकात क्या है?
किसी की हंसी की खातिर खुद का मजाक बनाना
यूँ रूठना मनाना किसी की चाह में खुद को मिटाना
ये वक्त गुजारने के बस कुछ तरीके हैं
किसी बिछड़े आशिक से पूछो जिन्दगी का असल मजाक
क्या है ?
फिर किसी अश्रु का किसी के नयन से सवाल क्या है?
मेरा जवाब मुझसे ही पूछता है मेरा जवाब क्या है?
और वो कहता है मेरी बातें उसे महफ़िल में टिकने नहीं देती
उससे पूछो उसका मुझे बेइज्जत करने का हिसाब क्या
है?????

16. इश्क !!!

जब खफा हो कोई बातों से तेरी
लबों को खामोश रखने में कोई बुराई तो नहीं
मासूमियत है सिर्फ चेहरे पर उनकी
असलियत तो उसने अभी दिखाई ही नही
दूर हूँ मैं किसी से उम्र भर के लिए
इश्क से मेरी कोई लड़ाई भी नही
कैद हूँ मैं किसी की यादों में अभी भी
अभी मिली मुझको उनसे रिहाई नही
मिला जब भी हंसा,वो मुझे देखकर
आँखें मेरी कभी हंस पायी नहीं
कुछ बातें हैं जो मुझको चुभती हैं लेकिन
पर वो बातें कभी जुबान पर आई नहीं
सीखा है चुप रहन्मे का सलीका तुम्ही से
अब कुछ बोलने में कोई भलाई नही!!!!

17. TWO LINERS

मोहब्बत में वो पल भी एक बार आया
जैसे पतझड़ के मौसम में कोई गुलाब आया
चिट्ठियां लिख लिखकर,मैं हो गया इस दुनिया से रुखसत
लेटा जब शैय्या पर.......तब उसका जवाब आया ।।
ऊंचे दरख़्त पर बैठा वह हरियल पंछी सा
लोगों से नफरत उसे अपने दुनिया में सुकून है
उस चाहत की क्या चाहत बनना
जिस चाहत को तेरी चाह नही
यूँ बात बात पर नाराजगी अच्छी नही मुर्शद -२
एक तेरा ही चेहरा देख वो मुस्कुराती बहुत है!
दफना दिया उसको खाली हाथ दो गज जमीन में